Inhalt

Corporate Blogs - Authentizität ist Trumpf, sonst geht der Schuss nach hinten los

Kernthesen

Beitrag

Fallbeispiele

Weiterführende Literatur

Impressum

Corporate Blogs - Authentizität ist Trumpf, sonst geht der Schuss nach hinten los

Harald Reil

Kernthesen

- Twitter ist unter den hundert größten deutschen Marken der beliebteste Social-Media-Dienst. Corporate Blogs (CPs) landen abgeschlagen auf Rang vier.
- Vor allem KMU tun sich schwer mit der Entwicklung einer professionellen Internet-Strategie: Miserable Corporate Blogs sind dafür symptomatisch.
- Corporate Blogs eignen sich hervorragend fürs Data-Mining und sind daher bestens für die Beantwortung folgender Frage

geeignet: Was wollen Kunden wirklich?
- Pforzheimer Autohändler haben einen vorbildlichen Corporate Blog kreiert. Starthilfe erhielten sie von Bloggerprofis.

Beitrag

Uni-Studie: Corporate Blogs kommen gegen Twitter und Co. nicht an

Der Rummel um Facebook hat Corporate Blogs, am besten wohl mit dem Ausdruck digitale Firmentagebücher zu übersetzen, ein wenig in den Hintergrund gedrängt - leider. Schließlich lassen sich Corporate Blogs viel individueller gestalten als entsprechende Einträge in der weltgrößten Social-Media-Plattform, die kaum Raum für gestalterische Freiheiten lässt. Dennoch: Die Zahlen gegen Corporate Blogs sprechen eine eindeutige Sprache, wie eine Untersuchung der Universität Oldenburg, die vor wenigen Monaten veröffentlicht wurde, zutage gefördert hat. Twitter ist mit einer Nutzerrate von 39 Prozent mittlerweile zum beliebtesten Social-Media-Dienst unter den hundert bedeutendsten deutschen Marken avanciert. Knapp dahinter folgt

YouTube mit 37 Prozent. Mit 28 Prozent schon ein wenig weiter zurück liegt Facebook auf Rang drei. Abgeschlagen reihen sich die Corporate Blogs mit zwölf Prozent an vierter Stelle ein. (1), (2)

Unerlässlich: Professionelle Hilfe für Corporate Blogs

Eines gleich vorweg: Firmen, die sich ins Internet wagen, machen sich am besten einen Plan und holen sich professionelle Hilfe ins Haus. Das gilt für Auftritte in Twitter, Facebook, YouTube, aber auch für Corporate Blogs. Wer daher meint, mit plumper Werbung oder ein paar uninspirierten Einträgen, die überdies so verschachtelt und mit Rechtschreibfehlern gespickt sind, dass sie für jeden halbwegs gebildeten Leser eine Zumutung sind, sei es getan, hat den Sinn der Sache nicht begriffen. Schlimmer noch: Der Schuss geht leicht nach hinten los. Wen die User-Gemeinde einmal auf den Kieker hat, hat Mühe, sich wieder freizuschwimmen. Auch wenn schlechte Corporate Blogs nur die Spitze des Eisberges sind, so sind sie doch symptomatisch für ein viel umfassenderes Problem: eine schlechte oder gar eine fehlende Internet-Strategie. (1)

Unverzeihlich: Vielen KMU fehlt Internet-Strategie

Vor allem viele Kleinunternehmer und Mittelständler (KMU) müssen sich vorwerfen lassen, dass für sie in Sachen Online-Marketing das Wort Professionalität noch ein Fremdwort ist. Das E-Commerce-Center Handel hat zu diesem Thema eine Studie veröffentlicht, die dieses Urteil eindeutig belegt. Von den 1 942 Einzel- und Großhändlern, die an der Untersuchung teilnahmen, nutzen erst rund 20 Prozent Social-Media-Anwendungen wie etwa Facebook oder Corporate Blogs; von diesen 20 Prozent können wiederum nur 18,7 Prozent eine kohärente Internet-Strategie vorweisen. Der Rest dilettiert munter vor sich hin, weil er zwar irgendwie weiß, dass das Internet wichtig ist, aber entweder keine Ahnung hat, wie sich das Medium richtig nutzen lässt oder kein Geld oder keine Ressourcen dafür bereitstellen kann oder auch will. Angesichts dieser Situation ist es alles andere als ein Wunder, dass die überwiegende Mehrheit der Social Media nutzenden KMU ihre Ziele Imageverbesserung, Neukundengewinnung, Interaktion mit Bestandskunden und Umsatzsteigerung nicht erreicht hat. (1), (3)

Entscheidend: Was wollen Kunden wirklich?

Dabei ließen sich auch die zu Unrecht etwas ins Abseits geratenen Corporate Blogs hervorragend dafür nutzen, um Verbraucherdaten zu generieren oder Userprofile zu erstellen. Unternehmen könnten zum Beispiel aus den Kommentaren zu den Blogs ableiten, was ihre Kunden von bestimmten Serviceleistungen oder Waren halten und ihre Angebote entsprechend modifizieren. Mithilfe des direkten Dialogs würden Firmenblogger außerdem viel genauer als mit anderen Mitteln herausfinden, was Kunden wirklich wollen - und das ist schließlich entscheidend. (4)

Trends

Zukunftsträchtig: Der Beruf des Corporate Bloggers

In Zukunft wird der Beruf des Corporate Bloggers immer wichtiger werden - ob in Social-Media-Diensten wie Twitter oder Facebook oder in Blogs, die direkt in den Online-Auftritt der Firma eingebunden sind. Schlüsselqualifikationen sind neben klassischen Redakteursaufgaben wie die Suche nach Themen und das Schreiben eigener Beiträge auch Schlagfertigkeit und Diplomatie, um auf kritische Äußerungen von Usern ad hoc und kompetent, ohne einen negativen Beigeschmack zu hinterlassen, antworten zu können. (8)

Selbstläufer: Gute Corporate Blogs können traditionellen Kundennewsletter ersetzen

Corporate Blogs könnten auf Dauer den Kundennewsletter ersetzen oder ihn zumindest ergänzen. Da sich Bloginhalte über RSS-Feeds abonnieren lassen oder über Twitter und andere Social-Media-Dienste verteilt werden, finden gut gemachte Firmenblogs ihre Leser sozusagen von selbst. Das ist insofern von Interesse, als diese Form der Kommunikation noch deutlicher, als Kundennewsletter dies vermögen, zeigt, ob die Angebote eines Unternehmens beim Verbraucher ankommen oder nicht. (7)

Fallbeispiele

Vorbildlich: Der Firmenblog der Pforzheimer Opel-Händler Gerstel

Die Opel-Händler Timo und Andreas Gerstel, Brüder, die ihr Autohaus in Pforzheim betreiben, haben sich für ihre ersten Corporate-Blog-Gehversuche einen Spezialisten ins Haus geholt. Der Aufwand hat sich gelohnt, denn die Gerstel-Blogs gelten in der Kfz-Branche als vorbildlich. Bevor sich die beiden Chefs allerdings selbst ans Schreiben wagten, ließen sie einen Experten von einer Webagentur den Vortritt. Dieser besuchte das Autohaus anfangs zweimal pro Woche, schärfte den Blick der Gerstel-Brüder für Themen und verfasste die Blogs zunächst noch selbst, damit die Inhaber des Autohauses ein Gespür für Aufbau und Stil entwickeln konnten. Nachdem die Gerstelbrüder mit der Agentur ein Konzept erarbeitet hatten, in dem Ziele, Inhalte, die Häufigkeit der Blogs und das Arbeitsprozedere festgezurrt wurde, hacken die beiden mittlerweile im Schnitt zehn bis 14 Stunden pro Monat selbst in die Tasten. Bevor sie die Beiträge ins Netz stellen, überarbeitet der Redakteur der Webagentur sie noch einmal.

Das professionelle Vorgehen ist durchaus erfolgreich: Die Brüder freuen sich über rund 3 100 Blog-Besuche pro Monat. In dem Firmentagebuch geht es um kleine Storys aus dem Familienbetrieb, die die Gerstelbrüder auch gerne mit kleinen Videoclips illustrieren, oder sie handeln von Opel-Produkten, Events sowie Aktionen. Natürlich gibt es neben vielem Lob auch negative Reaktionen. Die Gerstels nehmen diese aber in Kauf, da sie wissen, dass ein guter Blog auf Dauer nur durch Authentizität überzeugt. Die Kosten für die Blogger-Erst-Beratung und die konkrete Hilfe hielten sich mit 1 500 Euro in Grenzen. Einer der Gründe für den moderaten Preis ist die Freeware Wordpress, die die Webagentur als Tool vorgeschlagen hat und die sich auch ohne Expertenkenntnisse leicht bedienen lässt. Ein weiterer Vorteil: Wordpress macht individuelle Auftritte möglich; als Opel-Händler entschieden sich die Gerstels daher für einen Corporate Blog, der an das Corporate Design ihrer Automarke angelehnt ist. Zu finden ist das Firmentagebuch unter gerstelblog.de. (1)

Erfolgreich: Der Corporate Blog des Keksfabrikanten Hans Freitag

Der Corporate Blog des im niedersächsischen Verden ansässigen Keksfabrikanten Hans Freitag gehört mit monatlich 15 000 Besuchern zu den erfolgreichsten Firmenblogs Deutschlands. Dazu beigetragen hat wohl auch das Gewinnspiel, das die Firma während der letztjährigen Vorweihnachtszeit lancierte. Das Haus engagierte Ute Hamelmann, die unter anderem für "Bild der Frau" zeichnet. Die Cartoonistin entwarf einen witzigen Weihnachtsbaum mit Christbaumkugeln, Engeln und Schafen, die Kekse knabberten. Besucher, die auf eine der Kugeln klickten, wurden zum Tagesgewinnspiel auf den Corporate Blog des Keksherstellers weitergeleitet, in dem Mitarbeiter und die Chefin des Hauses eigenen Angaben zufolge über ihre Firma schreiben, wie ihnen der "Schnabel gewachsen ist". Nicht nur das Gewinnspiel, sondern auch die Authentizität der Bloggereinträge kamen beziehungsweise kommen an. Die veröffentlichten Besucherkommentare sind zumindest überwiegend positiv. (5)

Untypisch: Reiseportal eDreams zeigt in seinem Blog neue Seiten von Barcelona

Das Online-Reiseportal eDreams mit Sitz in Barcelona hat einen Corporate Blog kreiert, der bewusst mit Stereotypen über die katalanische Hauptstadt bricht. Der neue Blog ist Teil einer größer angelegten Kampagne, mit der eDreams Reisende erreichen will, die die Lust und den Mut haben, auch einmal ungewöhnlichere Seiten bekannter Urlaubsziele kennenzulernen. (6)

Weiterführende Literatur

(1) Onlinemarketing Der Chef erzählt Geschichten Kleiner Opel-Betrieb liefert mit seinem Blog ein Best Practice im Internet
aus kfz-betrieb Nr. 005 vom 02.02.2012 Seite 034

(2) Twitter vor YouTube und Facebook
aus Password, Heft 06/2011, S. 34

(3) Jedes fünfte Handelsunternehmen nutzt Social Media ohne Strategie Studie "Internet im Handel 2010"
aus Die Tabak Zeitung vom 25.03.2011, Nr. 012/2011

(4) Corporate blogs as tools for consumer segmentation-using cluster analysis for consumer profiling
aus Die Tabak Zeitung vom 25.03.2011, Nr. 012/2011

(5) Keksfabrik Hans Freitag startet Adventskalender-Gewinnspiel im Social Web - Knusprige Gewinne und Überraschungen warten
aus news aktuell, 2011-12-01

(6) eDreams Breaks Travel Stereotypes with Launch of New Blog Design and Video
aus news aktuell, 2011-12-01

(7) Wird E-Mail zur Social-Media-Zentrale?
aus Computerwoche, 20.06.2011, Nr. 25

(8) Überraschung auf allen Kanälen
aus Süddeutsche Zeitung, 06.08.2011, Ausgabe
München, Bayern, Deutschland, S. V2/9

Impressum

Corporate Blogs - Authentizität ist Trumpf, sonst geht der Schuss nach hinten los

Bibliografische Information der deutschen Nationalbibliothek

Die Deutsche Nationalbibliothek verzeichnet diese Publikation in der deutschen Nationalbibliografie; detaillierte bibliografische Daten sind im Internet über http://dnb.d-nb.de abrufbar.

ISBN: 978-3-7379-0796-5

© 2015 GBI-Genios Deutsche Wirtschaftsdatenbank GmbH, Freischützstraße 96, 81927 München, www.genios.de

Alle Rechte vorbehalten. Dieses Werk ist einschließlich aller seiner Teile – z.B. Texte, Tabellen und Grafiken - urheberrechtlich geschützt. Jede Verwertung außerhalb der Grenzen des Urheberrechtsgesetzes bedarf der vorherigen Zustimmung des Verlags. Dies gilt insbesondere auch für auszugsweise Nachdrucke, fotomechanische

Vervielfältigungen (Fotokopie/Mikroskopie), Übersetzungen, Auswertungen durch Datenbanken oder ähnliche Einrichtungen und die Einspeicherung und Verarbeitung in elektronischen Systemen.